W0039086

Es gibt niemanden,
der nicht isst und trinkt,
aber nur wenige,
die den Geschmack zu
schätzen wissen.

Konfuzius (551 – 475 v. Chr.)

Quinoa

Das gesunde
Inka-Korn

von
Anja Völkel

BuchVerlag
für die Frau

S. 2: Würziges Brot
(Foto zum Rezept, S. 108)

ISBN 978-3-89798-476-9

© BuchVerlag für die Frau GmbH,
Leipzig 2015
Fotos: fotolia (Titelfoto, S. 7),
Anja Völkel (alle übrigen Fotos)
Einband, Satz und Typographie:
Catharina Ende
Druck: Salzland Druck, Staßfurt
Bindearbeiten: Müller Buchbinderei
GmbH Leipzig

Printed in Germany
www.buchverlag-fuer-die-frau.de

Inhalt

Quinoa: Was ist das?

Das Jahr 2013 war das internationale Jahr der Quinoa-Pflanze, ausgerufen durch den UN-Generalsekretär Ban Ki-moon. Doch was ist Quinoa eigentlich?

Quinoa, auch Inka-Reis, Melde oder Anden-Hirse genannt, hat seinen Ursprung in Südamerika, in Peru, Bolivien, Ecuador. Hier auf den Hochebenen der Anden wird die Pflanze seit 6000 Jahren angebaut. Als Nahrungsmittel war das Korn für die Andenvölker unentbehrlich, denn es kann in Höhen von bis zu 4000 Metern gepflanzt werden. Erstaunlicherweise hält es

Temperaturen von -8 bis 38 Grad aus. Bedingungen, bei denen weder normales Getreide noch Mais gedeihen. Seine Geschichte reicht zurück bis in die Zeit der Inkas. Damals galt Quinoa lange Zeit – neben Mais und Kartoffeln – als Grundnahrungsmittel. Aber auch als Wundermittel verehrten die Inkas die Pflanze und sagten diesem Korn Kraft und Gesundheit nach.

Nach alter Tradition wird Quinoa von den Andenbewohnern geröstet und anschließend zu Mehl für Brot vermahlen. Leider geriet die Kulturpflanze immer mehr in Vergessenheit und gelangte erst im 20. Jahrhundert nach Europa.

Botanisch gesehen gehört Quinoa zur Familie der Fuchsschwanzgewächse und ist mit Spinat und Rüben verwandt. Die einjährige krautige Pflanze erreicht eine Wuchshöhe von 50 bis 150 cm. Ihre Stängel sind verzweigt und mit dickeren, rhombisch geformten, am Rand gezähnten Blättern versehen. Ihre aufrechten Blütenstände bestehen aus knäuelartigen Teilblütenständen mit unscheinbaren grünlichen Blüten.

Durch Selbstbestäubung entwickeln sich etwa zwei Millimeter große Früchte. Sie schmecken leicht nussig und ihre Zubereitung ist denkbar einfach, wie man im Kapitel ab Seite 15 lesen kann. Selbst die mineralstoffreichen Blätter eignen sich für die Zubereitung von schmackhaftem Gemüse oder Salat.

Das gesunde Inka-Korn

Das Wunderkorn Quinoa hat ein hochwertiges Nährwertprofil, das den menschlichen Ernährungsanforderungen entspricht.

Das kleine Korn ist eine hervorragende pflanzliche Eiweißquelle mit essentiellen Aminosäuren, mehrfach ungesättigten Fettsäuren, Mineralstoffen, B-Vitaminen, aber auch Ballaststoffen. Der geringe glykämische Index des Korns sorgt für einen langsamen Anstieg des Blutzuckerspiegels – ideal für Personen, die unter Blutzucker- oder Gewichtsproblemen leiden!

Die Quinoapflanze unterstützt den Kohlenhydrat-, Fett- und Eiweißstoffwechsel. Das im Korn vorhandene Lysin kann bei Arterienverkalkung helfen und somit Herz-Kreislauf-Erkrankungen vorbeugen oder diese wirksam bekämpfen.

Die Pflanze liefert alle für den gesunden menschlichen Organismus wichtigen Wirkstoffe im optimalen Verhältnis. Darüber hinaus ist das Korn ein vollwertiger Getreideersatz mit einem sehr geringen Allergen-Risiko. Da es glutenfrei ist, kann es auch bei Zöliakie eingesetzt werden.

In der Samenschale befinden sich Saponine, die der Pflanze als natürlicher Schutz vor Schädlingen dienen. Ihre Wirkung auf den menschlichen Organismus ist aber umstritten. Achtung: In den Handel kommt nur geschälter, gewaschener und saponinfreier Quinoa, bei dem durch mehrmaliges Waschen unter fließendem Wasser die enthaltenen Saponine bereits entfernt wurden. Dennoch sollte man Quinoa vor seiner Zubereitung noch einmal gründlich waschen.

Quinoa-Samen können unterschiedliche Färbungen mit variablem intensivem Geschmack aufweisen. So erhält man Samenkörner in schwarz, rot oder weiß. In Deutschland kann man meistens rote, weiße oder Tricolore-Samen im Handel kaufen. Viele Supermärkte, Bio- bzw. Reformläden und Drogeriemärkte bieten Quinoa an. Aber die rein schwarzen Körner sind auch dort eher selten erhältlich. Der milde weiße Quinoa unterscheidet sich von dem aromatischeren roten und dem noch nussiger schmeckenden schwarzen Quinoakorn. Diese ausdrucksstarken Farben des Körnchens bleiben auch nach dem Kochen noch erhalten, ebenso der nussige Geschmack.

Verwendung und Zubereitung von Quinoa

Da die senfartigen Körner von Quinoa getreideähnlich sind, können sie auch ähnlich wie Getreide zubereitet werden. Die einfachste Variante ist die Verwendung als Beilage, ähnlich wie Reis. Die Körnchen können in Salzwasser oder Gemüsebrühe (je nach Packungsangabe) gekocht werden und sind bereits nach nur 15 Minuten gar - ideal für Aufläufe, Füllungen, Bratlinge, Klöße, Pfannkuchen, Süßspeisen, Eierspeisen und als gekeimte Sprossen.

Die Körner kann man auch selbst zu Hause mit einer Getreide- oder Messerschlagwerkmühle zu Mehl oder Grieß mahlen oder schroten. Auch für die Herstellung von Nudeln ist Quinoa geeignet. Hier empfiehlt sich die Zugabe von Guarkern- oder Johannisbrotkern-Mehl oder die Mischung mit anderen Mehlarten. So kann jeder selbst entscheiden, ob er es glutenfrei möchte oder nicht.

Im Buch werden verwendet: Quinoagrieß, -mehl, -Flocken, -Sprossen, bunter, roter und weißer Quinoa.

Wer Mehl nicht selbst herstellen möchte, kann es im Online-Handel beziehen. Quinoa-Flocken, Müslis, Flakes-Zubereitungen oder ganze Körner sind im Handel, Reformhaus,

Bio-Geschäften Drogerien und Supermärkten erhältlich. Sprossen kann man aus den ganzen Körnern mittels eines Keimglases selbst ziehen. Körner ins Glas geben 1 Tag mit Wasser bedeckt quellen lassen, Siebdeckel oder Gaze darauf, am nächsten Tag abgießen, Keimlinge spülen, wieder ins Glas geben und nach 3 bis 5 Tagen sind die Sprossen verzehrbar.

Wenn nicht anders angegeben, sind alle Rezepte für vier Personen berechnet. Viel Freude beim Ausprobieren und guten Appetit!

oben links: Quinoa gepoppt – für Desserts, Kuchen, Müsli, Süßigkeiten

....

oben rechts: das ganze Korn – für Salate, Saucen, Suppeneinlagen, Klöße, Beilagen, Bratlinge, Risotto

....

Mitte links: Flakes – für Kuchen, Torten, Müsli, Süßspeisen

....

Mitte rechts: Mehl – für Backwaren, Teigwaren, zum Panieren

....

unten links: Flocken – zum Panieren, Überbacken, für Müsli, Desserts, Brei

....

unten rechts: Grieß – zum Panieren, Überbacken, für Brei, Süßspeisen

Bunte Salate

Bohnen-Paprika-Salat

100 g Quinoa
1 Zwiebel • 200 g Mais
400 g Kidneybohnen
1 rote Paprika
2 Knoblauchzehen
2 Tomaten
100 g entsteinte Oliven
100 g Erbsen (Glas)
1 EL Olivenöl
1 EL scharfes Tomatenmark
2 EL Wasser
Salz • ¼ TL Chili
4 Olivenkrautstiele

Quinoa nach Anweisung garen und in einer Schüssel erkalten lassen. Mit feinen Zwiebelwürfeln, Mais und Bohnen mischen. Klein geschnittene Paprika, Tomaten, Knoblauch und Oliven sowie Erbsen zugeben. Öl mit Tomatenmark und Wasser zu einem Dressing verrühren. Vorsichtig unter den Salat heben. Mit Olivenkraut anrichten.

Curry-Erbsen-Salat

150 g Quinoa • 150 g Erbsen
375 ml Gemüsebrühe • 1 rote Paprika
1 Bund Lauchzwiebeln • 250 g Cham-
pignons • 1 EL Öl • 250 g Schmand
50 ml Milch • 1 TL Zucker • 1 TL Curry
Salz • Pfeffer

Quinoa und Erbsen in der Brühe garen, abkühlen lassen. Paprika und Lauchzwiebeln klein schneiden. Champignons vierteln und mit den Zwiebeln im heißen Öl anschwitzen. Dann vom Herd nehmen und in eine Schüssel geben. Schmand mit Milch, Zucker und Curry verrühren. Über die Pilzmischung geben. Quinoa, Erbsen und Paprika zugeben und würzen.

Exotischer Salat

150 g roter Quinoa • 1 rote Paprika
1 Baby-Ananas • 100 g Baby-Spinat
2 Zwiebeln • 1 Bio-Limette
½ Bund Koriander • 100 ml Sahne
Salz • Pfeffer

Quinoa garen. Paprika putzen, in Streifen schneiden. Ananas schälen, vierteln, den Strunk entfernen. Spinat putzen, geschälte Zwiebeln in Ringe schneiden, Limettenschale fein abreiben und Koriander klein hacken. Alle Zutaten in einer Schüssel vermischen, mit Salz und Pfeffer abschmecken.

Avocadosalat

100 g Quinoa • 200 g Ziegenkäse
200 g gemischter Salat
250 g Kirschtomaten • 2 Avocados
2 TL Honig • Salz • Pfeffer
1 TL Balsamico • 1 EL Olivenöl
1 EL Zitronensaft

Quinoa garen, abkühlen lassen. Ziegenkäse in mundgerechte Stücke schneiden. Salat klein zupfen, Tomaten putzen, Avocado schälen und in feine Spalten schneiden. Die Zutaten vermischen. Honig, Salz, Pfeffer, Essig, Öl und Zitronensaft verrühren. Das Dressing unter den Salat heben.

Salat mit Lachs

100 g Quinoa • 6 Eier
100 g Rucola-Salat • 3 EL Honig
2 EL Senf (mittelscharf) • 3 EL Öl
2 EL Zitronensaft • ½ Bund Dill
150 g Lachs

Quinoa garen und anschließend erkalten lassen. Eier hart kochen. Salat putzen und klein schneiden. Honig, Senf, Öl und Zitronensaft für das Dressing verrühren. Quinoa mit Rucola vermengen, mit dem Dressing übergießen und mit gehacktem Dill abschmecken. Eier schälen, vierteln. Salat mit Eivierteln auf Tellern anrichten und mit gerollten Lachsscheiben belegen.

Tatar-Salat

40 g Quinoa • 6 Eier
1 Salatgurke • 250 g Rucola
1 Bund Lauchzwiebeln
1 rote Paprika • 1 Birne • 5 EL Senf
150 g Schmand • Salz • Pfeffer

Qunioa garen und erkalten lassen. Eier hart kochen, abkühlen lassen und schälen. Gurke halbieren und die Kerne entfernen. Zwiebeln, Eier, Gurke, Rucola und Paprika klein schneiden und mischen. Birne schälen, in dünne Scheiben schneiden und auf vier Teller verteilen. Senf mit Schmand verrühren und würzen. Mit dem Salat mischen und auf den Birnenscheiben anrichten.

Rote-Bete-Salat

400 g Rote Bete • 1 Lorbeerblatt
4 EL Öl • 1 Apfel • 150 g Quinoa
100 g Möhren • 100 g Erbsen (Glas)
½ Bund Frühlingszwiebeln
3 Salzgurken • 2 Eier (hartgekocht)
200 g Matjesfilet • 2 EL Essig
Salz • Pfeffer
1 Prise Zucker • ½ Bund Dill, gehackt
1 Zitrone

Rote Bete in Salzwasser mit einem Lorbeerblatt garen. Noch heiß schälen, würfeln und sofort mit 3 EL Öl übergießen, damit die anderen Zutaten wenig verfärbt werden. Apfel schälen, vierteln, Kernhaus entfernen, klein würfeln.

Quinoa wie gewohnt garen. Möhren in feine Scheiben hobeln. Erbsen gut abtropfen lassen. Frühlingszwiebeln, Gurke, geschälte Eier und Matjes klein schneiden. Alles in einer Schüssel vermischen. Restliches Öl, Essig, Salz, Pfeffer, Zucker und gehackten Dill verrühren. Unter den Salat heben und mit Zitronenvierteln servieren.

Salat mit Knusperstückchen

15 g Butter • 20 g Zucker
1 EL Honig • 30 g gepoppter Quinoa
80 g gehackte Mandeln
150 g Feldsalat • 1 Lollo Rosso Salat
2 Bio-Orangen • 1 TL Senf • Salz
3 EL Öl • 1 EL Honig

Die Butter erhitzen. Zucker, Honig, Quinoa und Mandeln kurz darin karamellisieren und sofort 1 cm dünn auf Backpapier ausstreichen. Erkalten lassen und in 2 x 2 cm große Stücke brechen. Salate in mundgerechte Stücke zupfen. Eine Orange schälen und die Orangenscheiben vorsichtig auslösen. Mit dem Salat vermengen. Die andere Orange auspressen, mit

Senf, Salz, Öl und Honig verrühren.
Das Dressing mit dem Salat mischen.
Auf Teller verteilen und mit den
Knusperstückchen bestreuen.

Mediterraner Salat

150 g Quinoa • 375 ml Gemüsebrühe
100 g Zucchini • 1 rote Paprika
1 Bund Lauchzwiebeln
400 g Tomaten • 200 g Feta
1 Bio-Zitrone • 3 Zweige Rosmarin
je 2 Stängel Oregano und Thymian
½ Bund Petersilie • 3 EL Olivenöl
Salz • Pfeffer

Quinoa in der Brühe garen und abkühlen lassen. Zucchini der Länge nach halbieren und in Scheiben schneiden. Paprika in Streifen und Lauchzwiebeln klein schneiden. Tomaten und Feta in Würfel schneiden. Zitronenschale fein über den Quinoa reiben. Saft der Zitrone auspressen. Kräuter fein hacken. Alle Zutaten vermischen. Öl unterrühren und mit Salz und Pfeffer abschmecken.

Endiviensalat
mit Sprossen

*1 Kopf Endiviensalat · 2 Tomaten
200 g Camembert · 70 g halbe
Walnüsse · 100 g Quinoa-Sprossen
2 TL Honig · 2 EL Essig · 3 EL Öl
Salz · Pfeffer*

Endiviensalat putzen, waschen und
gut abtropfen lassen. Anschließend
in mundgerechte Stücke schneiden. Tomaten waschen, halbieren
und Strunk entfernen. Camembert
in mundgerechte Stücke schneiden.
Honig, Essig und Öl verrühren. Alle
Zutaten miteinander vermischen, mit
Salz und Pfeffer abschmecken.

Würzige Suppen

Suppe nach Graf Rumford

Der Politiker, Erfinder und Physiker Benjamin Thompson, Graf Rumford (1753-1815), erfand für Suppenküchen, zur Speisung der armen Bevölkerung, eine nahrhafte Kartoffelsuppe, nach ihm Rumfordsuppe genannt, die europaweite Verbreitung fand.

1 Zwiebel • 200 g Möhren
200 g Kartoffeln • 250 g Kohlrabi
150 g Erbsen • 20 g Butter
1 l Gemüsebrühe • Salz
50 g roter Quinoa • 100 g Krakauer

Zwiebel schälen, Möhren, Kartoffeln und Kohlrabi waschen und putzen, alles klein schneiden. Butter in einem Topf erhitzen und das Gemüse darin anschwitzen. Mit Gemüsebrühe ablöschen. Zugedeckt 15 Minuten köcheln. Quinoa nach Anleitung garen. Krakauer klein schneiden. Suppe vom Herd nehmen, pürieren. Quinoa und Krakauer zugeben, würzen und servieren.

Italienische Lauchsuppe

*30 g Butter • 1 Zwiebel • 2 Stangen
Lauch • 200 g Knollensellerie
80 g Quinoa • 30 g Mehl
1 l Gemüsebrühe • 20 g Tomatenmark
1 Bund gehackte Petersilie
Salz • Pfeffer
50 g geriebener Parmesan*

Butter erhitzen und das klein geschnittene Gemüse kurz darin anrösten. Quinoa zugeben, kurz mitrösten.
Mit Mehl und Brühe binden. Tomatenmark unterrühren und alles 15
Minuten köcheln. Mit Petersilie, Salz
und Pfeffer würzen. Parmesan einrühren und servieren.

Kerbelsuppe

1 Bund Suppengemüse • 50 g Quinoa
40 g Butter • 50 g Reismehl
1 l Gemüsebrühe • Salz • Pfeffer
1 Bund Kerbel • ½ Bund Petersilie
200 g Crème fraîche

Suppengrün klein schneiden, Quinoa garen. Butter erhitzen und das Gemüse darin kurz anschwitzen. Mit Mehl und Brühe binden. Würzen und zugedeckt 15 bis 20 Minuten köcheln. Anschließend pürieren. Gehackte Kräuter und Crème fraîche zugeben. Quinoa in einer Pfanne anrösten, über die Suppe streuen und heiß servieren.

Festtagssuppe

30 g Quinoa • 2 Eier • 125 ml Milch
Salz • 1 Prise Muskat • 10 g Butter
1 Stange Lauch • 200 g Möhren
50 g Sellerie • 1 l Gemüsebrühe
½ Bund Schnittlauch

Quinoa garen, anschließend mit Eiern, Milch, Salz und Muskat verrühren. Eine feuerfeste Tasse (300 ml)
buttern. Masse einfüllen. Mit Alufolie fest verschließen. Einen Topf mit
Wasser füllen, so dass die Tasse zu
drei Vierteln damit bedeckt ist. Wasser aufkochen. Tasse hineinstellen.
Zugedeckt 30 Minuten ziehen lassen.
Nicht mehr kochen! Tasse herausnehmen, Eierstichmasse stürzen und

in Würfel schneiden. Gemüse klein schneiden und in der Brühe 15 Minuten weich kochen. Mit Eierstichwürfeln und Schnittlauchröllchen verfeinern.

Feinschmeckersuppe

250 g Möhren
200 g weißer Spargel
100 g Champignons • 150 g Kohlrabi
½ Bund Petersilie
60 g Butter • ½ TL Zucker
1 l Gemüsebrühe
100 g Putenleber • 70 g Quinoamehl
100 g Paniermehl
Salz • Pfeffer

Möhren in Scheiben schneiden. Spargel waschen, schälen, holzige Enden abschneiden. Champignons in Scheiben schneiden. Kohlrabi in Stifte und dann in 5 cm lange Stücke schneiden. Petersilie klein hacken.

In einem Topf 30 g Butter, Salz, Zucker und Brühe erhitzen. Möhren und Kohlrabi darin 5 Minuten köcheln. Spargel zugeben, weitere 10 Minuten köcheln. Leber durch den Fleischwolf oder die Küchenmaschine drehen. Übrige Butter erhitzen und mit Leber, Quinoamehl, Paniermehl, Salz und Pfeffer verrühren. Zu Nocken formen und mit den Champignons in die heiße Suppe geben. 10 Minuten ziehen lassen. Mit Petersilie anrichten.

Spanische Mandelsuppe

1 Bund Suppengrün • 2 Zwiebeln
2 Knoblauchzehen
50 g getrocknete Tomaten
3 EL Olivenöl • 1 l Gemüsebrühe
20 g Quinoagrieß • 1 TL Backpulver
40 g Paniermehl • 2 Eier
Salz • Pfeffer
200 g gemahlene Mandeln

Suppengrün grob zerkleinern. Zwiebeln und Knoblauch würfeln. Tomaten in Streifen schneiden. 2 EL Öl in einem Topf erhitzen, Gemüse darin anbraten. Mit Brühe ablöschen und 15 Minuten zugedeckt köcheln lassen. Grieß, Backpulver, Paniermehl und Eier mit einer Gabel verkneten,

eine Prise Salz und Pfeffer einarbei-
ten. Restliches Öl in einer Pfanne
erhitzen. Masse darin knusprig ausbacken. Vom Herd nehmen. In 1,5 cm
große Würfel schneiden. Gemüse in
der Suppe pürieren. Mandeln einrühren, kurz aufkochen und nochmals
mit Salz und Pfeffer abschmecken.
Mit gerösteten Grießwürfeln bestreut
servieren.

Ungarische Krautsuppe

200 g Weißkraut • 100 g Kartoffeln
100 g bunter Quinoa • je 1 rote und
gelbe Paprika • 40 g Butter
1 TL Paprikapulver • 1 TL Kümmel
1 l Gemüsebrühe • 100 g Schmand
½ Bund Schnittlauch

Weißkraut putzen, in feine Streifen schneiden. Kartoffeln schälen und klein würfeln. Paprika putzen, klein schneiden. Butter in einem Topf erhitzen. Kraut, Kartoffeln, Quinoa und Paprika darin anschwitzen, würzen. Brühe aufgießen. Zugedeckt 25 Minuten köcheln. Mit einem Klecks Schmand und mit Schnittlauchröllchen bestreut servieren.

Wurzelsuppe mit Quinoa-Sprossen

*250 g Pastinaken • je 200 g Süß-
kartoffeln, Kartoffeln und Möhren
100 g Knollensellerie • 40 g frischer
Ingwer • 30 g Butter
1 l Gemüsebrühe • Salz • Pfeffer
100 g Quinoa-Sprossen
(3–5 Tage Keimdauer)*

Gemüse putzen und klein würfeln.
Ingwer fein hacken. Butter in einem
Topf erhitzen. Gemüse darin an-
schwitzen, mit Brühe bedecken und
15 Minuten darin garen. Mit Salz und
Pfeffer abschmecken. Die Suppe auf
Tellern mit Quinoa-Sprossen bestreut
anrichten.

Wirsingsuppe

200 g Kartoffeln
600 g Wirsing
50 g Butter • 1 EL Curry
20 g Quinoamehl
1 l Gemüsebrühe • 125 ml Sahne
Salz • Pfeffer

Kartoffeln schälen und würfeln. Wirsing putzen, in 6 Stücke teilen. Zwei Stücke zur Seite stellen, Rest grob zerkleinern.

30 g Butter in einem Topf erhitzen. Kartoffeln und gehackten Wirsing darin andünsten. Mit Curry, Quinoamehl und Brühe binden. Zugedeckt 25 Minuten köcheln, dann fein pürieren. Sahne zugeben und würzen.

Restliche Butter erhitzen. Wirsing in Streifen schneiden und andünsten. 50 ml Wasser zugeben und 5 Minuten garen. Kurz vor dem Servieren Wirsing in die Suppe geben.

Pfannen & Eintöpfe

Gnocchi mit Chorizo

650 g Kartoffeln • 150 g Quinoamehl
50 g gemahlener Parmesan
2 Eigelb • 1 TL Salz • 1 Zwiebel
1 Knoblauchzehe • 130 g Chorizo
250 g Cocktailtomaten
4 EL Olivenöl • 20 Basilikumblätter
100 g Parmesan (Stück)

Kartoffeln schälen, grob zerkleinern und garen. Durch eine Kartoffelpresse drücken. Mit Quinoamehl, Parmesan, Eigelb und Salz zu einem festen Teig verkneten. Zwiebel und Knob-

lauch fein hacken. In den Teig kneten. Teigmasse zu 1,5 cm dicken Würsten formen. In 3 cm lange Stücke schneiden und in Salzwasser 6 Minuten ziehen lassen. Die Gnocchi sind fertig wenn sie an der Wasseroberfläche schwimmen. Kochwasser abgießen. Gnocchi mit 1 EL Olivenöl vermischen. Chorizo in Scheiben schneiden. Tomaten halbieren, Strunk entfernen. Restliches Öl erhitzen. Chorizo und Tomaten kurz anrösten. Gnocchi zugeben. Alles gleichmäßig vermengen. Auf Tellern mit Basilikumblättern und frisch geriebenem Parmesan anrichten.

Gemüsebuletten

150 g roter Quinoa • 1 Zwiebel
50 g getrocknete Tomaten
400 g Kidneybohnen (Dose)
1 Ei • 12 EL Paniermehl
Salz • Pfeffer
1 TL scharfes Paprikapulver
4 EL Olivenöl

Quinoa garen. Zwiebel und Tomaten fein hacken. Bohnen mit einer Gabel zerdrücken. Mit Quinoa, Ei und Paniermehl vermengen. Mit Salz, Pfeffer und Paprika würzen und abschmecken. Zu Buletten formen und im heißen Öl gleichmäßig anbraten. Noch heiß zu Reis oder einem Salat servieren.

Arabische Tajine

6 Tomaten • 1 rote Zwiebel
je 1 kleine Aubergine und Zucchini
1 rote Paprika
100 g roter Quinoa
100 g weißer Quinoa
4 TL Zimt, gemahlen
600 ml Gemüsebrühe
1 Prise Chili • Salz • Pfeffer
je ½ Bund Petersilie und Zitronen-
melisse, beides gehackt

Das Gemüse putzen und klein schneiden. Mit allen übrigen Zutaten in die Tajine (eine Art Schmortopf) geben. Zugedeckt ca. 20 Minuten bei mittlerer Hitze köcheln lassen. Auf Tellern anrichten und servieren.

Käsespätzle

1 rote Paprika • 80 g Quinoagrieß
½ TL scharfes Paprikapulver
300 g Mehl • 100 g Quinoamehl
8 Eier • 70 g Butter
½ TL Salz • 4 Salbeiblätter
1 Prise Pfeffer
300 g geriebener Manchego-Käse

Paprika fein würfeln. Mit Quinoagrieß und Paprikapulver kurz in einer Pfanne goldbraun anrösten. Anschließend abkühlen lassen. Mehle, Eier und Salz verrühren. Reichlich Salzwasser aufkochen. Teig mit einer Spätzlepresse portionsweise ins kochende Wasser geben. Wenn die Spätzle gar sind, mit einer Schaumkelle herausnehmen.

Butter erhitzen. Salbeiblätter darin anschwitzen. Spätzle und Käse zugeben. Gut durchschwenken. Mit einer Prise Pfeffer bestreut heiß servieren.

Serbische Pfanne

300 g gelbe Wachs-Bohnen
1 TL Bohnenkraut • 2 EL Butter-
schmalz • 400 g Putenbrust
2 rote Paprika • 200 g Möhren
200 g Erbsen • 200 g Mais
200 g roter Quinoa
Salz • Pfeffer
2 EL scharfes Tomatenmark
600 ml Gemüsebrühe
1 Bund Petersilie

Bohnen putzen. Mit Bohnenkraut in Salzwasser 10 Minuten bissfest garen. Putenbrust in 2 cm große Stücke schneiden, salzen und pfeffern. Butterschmalz in einer Pfanne erhitzen. Fleisch darin anbraten und garen. Aus der Pfanne nehmen, zur Seite stellen. Paprika und Möhren klein schneiden. Mit Quinoa, Erbsen und Mais kurz anbraten. Mit Salz und Pfeffer würzen. Tomatenmark und Brühe zugeben. Zugedeckt 15 Minuten leicht köcheln lassen. Am Ende Bohnen, Putenfleisch und Petersilie zugeben. Heiß servieren.

Speckknödel mit Meerrettichrahm

Knödel:

600 g Kartoffeln
150 g Quinoagrieß • 1 Zwiebel
150 g Speck
2 Zweige Thymian, gehackt
½ TL Butterschmalz
1 Ei • Salz

Meerrettichrahm:

50 g Meerrettich, frisch gerieben
400 ml Schlagsahne
Salz • Pfeffer
Saft von ½ Zitrone
½ Bund Schnittlauch, gehackt

Kartoffeln schälen, vierteln und in Salzwasser garen. Heiß durch die Kartoffelpresse drücken, mit Grieß vermengen. Zwiebel fein hacken. Schmalz erhitzen, Zwiebel und Speck darin 5 Minuten braten. Thymian zufügen und mit Ei und Salz zur Kartoffelmasse geben. Zu Knödeln formen und in reichlich heißem Salzwasser 15 Minuten ziehen lassen. Meerrettich mit Sahne, Salz, Pfeffer und Zitronensaft kurz erhitzen. Mit Knödeln und Schnittlauch servieren.

Bacon-Burger
(ergibt 8 Burgerbrötchen)

Brötchen:
½ Würfel Hefe • 200 ml Milch
(fettarm) • 300 g Mehl
100 g Quinoamehl • 1 TL Salz
Belag:
200 g Bacon • ½ Kopfsalat
4 Tomaten • 8 Eier
je 1 Prise Salz und Pfeffer
100 g Remoulade

Milch leicht erwärmen, Hefe hinein-
bröseln. Mit Mehl, Quinoamehl und
Salz zu einem Teig verkneten. Zugedeckt 1 Stunde gehen lassen. Ofen
auf 180 °C vorheizen. Aus dem Teig
8 Brötchen formen.

Im heißen Ofen (Mitte) etwa 20 Minuten backen. Aus dem Ofen nehmen und auf einem Kuchengitter abkühlen lassen. Salat putzen Blätter vom Strunk befreien, waschen. Tomaten waschen, Strunk entfernen und in Scheiben schneiden. Bacon in einer Pfanne ohne Öl knusprig braten. Aus der Pfanne nehmen, warm stellen. Eier zu Spiegeleiern in der heißen Speckpfanne ausbacken. Leicht salzen und pfeffern. Brötchen aufschneiden, beide Hälften mit Remoulade bestreichen. Die untere Hälfte mit Salatblättern, Tomatenscheiben, Bacon und Spiegelei belegen. Obere Burgerhälfte daraufsetzen und servieren.

Rösti auf Birnen-Rotkraut

Rösti:

*250 g Quinoa • ½ Bund Frühlings-
zwiebeln • 2 Eier • 80 g Paniermehl
Salz • Pfeffer*

Birnen-Rotkraut:

*1 kg Rotkohl • 50 g Butterschmalz
2 Nelken • ½ l Wasser
150 ml Rotwein • 40 g Zucker
40 ml Essig • Salz • Pfeffer • 4 Birnen
70 g Preiselbeerkonfitüre*

Kohl halbieren, putzen, in schmale
Streifen schneiden. Butterschmalz
erhitzen. Kohl, Nelken, Wasser, Wein,
Zucker, Essig, Salz und Pfeffer zuge-
ben. Zugedeckt 45 Minuten kochen.
Quinoa garen. Die Frühlingszwiebeln

klein schneiden. Alle Röstizutaten mischen und in heißem Öl portionsweise goldbraun ausbacken und warm stellen. Klein geschnittene Birnen mit Kraut und Preiselbeerkonfitüre 10 Minuten garen. Mit den Rösti anrichten.

Griechische Pfanne

200 g Quinoa • 800 ml Gemüsebrühe
1 gelbe Paprika • 150 g Zucchini
2 Knoblauchzehen • 400 g Tomaten
2 rote Zwiebeln • 2 EL Olivenöl
Salz • Pfeffer • 1 Prise Chilipulver
je 1 EL Thymian und Oregano,
gehackt • 250 g Hirtenkäse

Quinoa in 500 ml Gemüsebrühe garen. Paprika, Zucchini, Knoblauch und Tomaten klein schneiden. Zwiebeln in Ringe schneiden. In heißem Öl das Gemüse anbraten und bissfest garen. Quinoa unterrühren. Mit Brühe aufgießen. Gewürze und Kräuter zugeben, kurz durchziehen lassen. Hirtenkäse würfeln, mit der Masse mischen und anrichten.

Scharfes Kokos-Curry

*200 g Zuckerschoten • 200 g Kartof-
feln • 1 rote Paprika • 2 Knoblauchzehen • 2 EL Öl • 100 g Quinoa
¼ l Wasser • 1 EL Curry • 1 EL Cayennepfeffer • 50 g frischer Ingwer
1 TL Koriander • Salz • 400 ml Kokosmilch • 4 EL Erdnusskerne*

Zuckerschoten putzen, Paprika klein
schneiden, Knoblauch fein hacken.
Öl erhitzen. Quinoa mit dem Gemüse
kurz anbraten, mit Wasser ablöschen.
Curry und Cayennepfeffer zugeben.
Ingwer fein schneiden und mit Kori-
ander, Salz und Kokosmilch zugeben.
Das Curry 15 Minuten köcheln, mit
Nüssen bestreut heiß servieren.

Deftige Ofengerichte

Saftige Lammfleisch-Gemüse-„Torte"
(Springform Ø 18 cm)

150 g Quinoa • 1 rote Paprika
1 kleine Zucchini • 2 Tomaten
½ Bund Frühlingszwiebeln
1 Knoblauchzehe
1 mittelgroße Möhre
200 g Lammfleisch • 2 EL Olivenöl
2 Zweige Rosmarin
200 g Schmand • 3 Eier (M)
Salz • Pfeffer

Quinoa nach Packungsangabe garen. Ofen auf 200 °C vorheizen, Springform fetten. Gemüse in etwa 1 cm große Würfel, Zwiebeln in Ringe und Knoblauch klein schneiden.

Lammfleisch in mundgerechte Stücke schneiden und in einer heißen Pfanne mit Öl kurz von allen Seiten anbraten. Rosmarin fein hacken und mit allen übrigen Zutaten mischen. Mit Salz und Pfeffer würzen, in die gefettete Springform füllen und im Ofen (Mitte) etwa 40 Minuten backen. Heiß mit frischen Tomatenvierteln servieren.

Herzhafter Blechkuchen

(Backblech 30 x 42 cm)

Teig:

300 g Mehl • 100 g Quinoamehl
150 g Magerquark • 3 Eier
4 EL Olivenöl • 1 EL Salz
2 Päckchen Backpulver

Belag:

2 EL Olivenöl • 2 EL Weißwein
1 EL Oregano (gehackt) • 1 TL Salz
100 g Pecorino Käse
100 g Parmaschinken
1 Zwiebel • 100 g Oliven

Die Teigzutaten verkneten. Ofen
auf 180 °C vorheizen. Teig auf dem
Backblech ausrollen. Öl, Wein, Salz
und Oregano verrühren und auf den

Teig streichen. Käse mit einer feinen Reibe über den Teig reiben. Mit Parmaschinken, Zwiebelringen und Oliven belegt im Ofen (Mitte) 20 bis 25 Minuten backen. In Stücke schneiden und servieren.

Gefüllte Nashi-Birne

100 g bunter Quinoa
4 Nashi-Birnen • 2 Zwiebeln
1 Chilischote • 30 g frischer Ingwer
200 g Champignons • 250 g Feta
½ Bund Petersilie • 3 Zweige Thymian
2 EL Olivenöl • 300 g Rinderhack
50 ml Sherry • Salz • Pfeffer

Quinoa garen. Birnen halbieren und aushöhlen. Einen mindestens 1 cm breiten Rand stehen lassen. Zwiebel, Ingwer, Chili, Pilze und Feta klein schneiden, Kräuter hacken. Öl in einer Ofenpfanne erhitzen, Hackfleisch, Zwiebeln, Chili und Ingwer darin 4 Minuten anbraten. Pilze zugeben, kurz mitbraten. Mit Sherry ablöschen, mit Salz, Pfeffer und Kräutern abschmecken. Die Masse in die Birnenhälften füllen, mit Feta bestreuen, auf die nicht zum Füllen verwendete, restliche Hackmasse in die Ofenpfanne stellen. Im Ofen (Mitte) 25 Minuten bei ca. 200 °C überbacken.

Kürbistarte

(Tarteform Ø 28 cm)

100 g roter Quinoa • 450 g Blätterteig (TK) • 3 EL Paniermehl • 2 Zwiebeln 1 Knoblauchzehe • 500 g Hokkaidokürbis • 200 g Schmand • 2 EL Olivenöl • Salz • Pfeffer • je 1 EL gehackter Thymian und Oregano

Quinoa garen. Ofen auf 180 °C vorheizen, Tarteform fetten und mit Blätterteig auslegen, Paniermehl darauf verteilen. Gemüse fein schneiden. Schmand, Öl, Salz, Pfeffer und Kräuter verrühren. Mit Quinoa, Zwiebel, Knoblauch und Kürbis vermengen. Auf der Tarte verteilen und im Ofen (Mitte) 30 bis 40 Minuten backen.

Gefüllte Auberginen

200 g Quinoa • 800 ml Gemüsebrühe
3 Thymianzweige
4 Auberginen • ½ TL Salz
1 Bund Frühlingszwiebeln
1 rote Paprika • 200 g Emmentaler
5 Salbeiblätter • 1 kg Tomaten
Salz • Pfeffer
8 Basilikumblätter
150 g Naturjoghurt

Quinoa in 450 ml Brühe mit Thymianzweigen garen. Ofen auf 200 °C vorheizen, eine Auflaufform fetten. Auberginen waagerecht halbieren, aushöhlen (1,5 cm Rand dabei stehen lassen), salzen und 10 Minuten lang Wasser ziehen lassen.

Das Auberginenfruchtfleisch, Frühlingszwiebeln und Paprika klein schneiden. Mit Quinoa mischen und würzen. Auberginen trockentupfen, mit der Masse füllen. In die Auflaufform geben und mit Käse bestreuen. Tomaten klein schneiden, Kräuter hacken, mit Salz und Pfeffer würzen und um die Auberginen verteilen. Im Ofen (Mitte) 35 Minuten garen. Auberginenhälften mit etwas Joghurt überzogen anrichten.

Süßkartoffelauflauf

100 g roter Quinoa • 500 g Süß-
kartoffeln • 200 g Möhren
1 rote Paprika • 1 Stange Lauch
1 Knoblauchzehe • 200 g Sahne
Salz • Pfeffer

Ofen auf 200 °C vorheizen. Quinoa nach Anweisung garen. Süßkartoffeln und Möhren schälen, in dünne Scheiben hobeln. Paprika, Lauch, Knoblauch putzen und klein schneiden. Eine ofenfeste Form fetten und das Gemüse abwechselnd in die Form schichten. Die mit Salz und Pfeffer verrührte Sahne darüber verteilen. Im Ofen (Mitte) 45 Minuten backen. Heiß servieren.

Ofengulasch mit Eierbändchen

Gulasch:

200 g grüne Bohnen
2 Zweige Bohnenkraut
1 Bund Lauchzwiebeln
1 rote Paprika • 3 EL Öl
800 g Rindergulasch
Salz • Pfeffer • scharfes Paprikapulver
je 1 EL gehackter Thymian und
Oregano • 3 EL Tomatenmark
500 ml passierte Tomaten
500 ml Wasser

Eierbändchen:

80 g Quinoamehl • 4 Eier (M)
200 ml fettarme Milch
Salz • 1 EL Öl

Ofen auf 200 °C vorheizen. Bohnen in 5 cm lange Stücke schneiden, mit Bohnenkraut in Salzwasser garen. Lauchzwiebeln und Paprika klein schneiden. Öl in einem ofenfesten Topf erhitzen, Fleischstücke darin anbraten. Mit Salz, Pfeffer, Paprika und Kräutern würzen. Tomaten, Tomatenmark und Wasser zugeben, aufkochen lassen. Im Ofen 2 Stunden weich garen. Bohnen, Paprika und Lauchzwiebeln zugeben, weitere 15 Minuten garen lassen. Für die Eierbändchen alle Zutaten verrühren und in einer Pfanne portionsweise wie Pfannkuchen ausbacken. Diese dann aufrollen, in Streifen schneiden und mit dem Gulasch anrichten.

Quinoa-Kartoffel-Gratin

*200 g roter Quinoa • 1 kg Kartoffeln
2 Knoblauchzehen • 100 g Möhren
1 Stange Lauch • 3 EL Olivenöl
500 ml passierte Tomaten
2 EL Tomatenmark • 1 EL gehackter
Majoran • Salz • Pfeffer • scharfes
Paprikapulver • 200 ml Sahne
150 g geriebener Gouda*

Quinoa und Kartoffeln garen. Kartoffeln pellen und in Scheiben schneiden. Das klein geschnittene Gemüse im heißen Öl in einer hohen, ofenfesten Pfanne mit dem Quinoa anbraten. Tomaten, Tomatenmark und Gewürze zugeben und abschmecken. Ofen auf 200 °C vorheizen. Kartoffelscheiben auf dem Gemüse verteilen, mit Sahne übergießen. Mit Käse bestreut im Ofen (Mitte) 25 Minuten backen. Heiß servieren.

Fisch mit Knusperkruste

1 Zwiebel • 20 g Quinoa-Flocken
80 g Paniermehl
je 2 EL gehackte Petersilie und Thymian
1 Bio-Zitrone
180 g Butter
20 g Honig • Salz • Pfeffer
1 TL Paprikapulver
800 g frisches Kabeljaufilet
2 Eier

Zwiebel fein hacken, Zitronenschale fein abreiben, Saft auspressen. Butter in einer Pfanne erhitzen, Flocken, Paniermehl und Zwiebel goldbraun braten. Honig, Zitronenabrieb und -saft, Kräuter, Salz, Pfeffer und Paprikapulver zugeben und mischen. Eier mit der Würzmasse mischen. Ofen auf 200 °C vorheizen. Fisch in eine ofenfeste Form legen und Würzmasse darauf verteilen. Im Ofen (Mitte) 15 bis 20 Minuten backen, bis der Fisch eine knusprige Kruste hat, und heiß servieren.

TIPP: Wer gefrorenes Fischfilet verwendet, muss mit 25 Minuten Backzeit rechnen.

Feine Desserts

Orangenflammeri

3 g gemahlene Gelatine
3 Bio-Orangen • 250 ml Milch
1 Päckchen Vanillezucker
40 g Quinoagrieß • 150 g Zucker
1 Prise Salz • 250 ml Sahne
90 g Zucker • 3 EL Orangenlikör

Gelatine mit 1 EL kaltem Wasser anrühren und quellen lassen. Abgeriebene Schale von 2 Orangen mit Milch und Vanillezucker aufkochen. Grieß, Zucker und Salz zugeben und zu einem Brei kochen. Vom Herd nehmen, Gelatine einrühren und darin auflösen. In Eiswasser kalt rühren. Sahne steif schlagen und unterheben. In Tassen füllen und mindestens 2 Stunden im Kühlschrank kalt stellen. Zwei Orangen auspressen, die dritte Orange filetieren. Orangensaft mit Zucker und Likör verrühren und 4 Minuten einköcheln lassen. Die Sauce auf Teller geben, Grieß aus der Tasse vorsichtig auf den Saucenspiegel stürzen und mit Orangenfilets dekorieren.

Müsli-Trifle

250 g Beeren (TK)
2 EL Rum • 100 ml Apfelsaft
40 g Zucker
30 g Maisstärke
60 g Quinoamüsli
200 ml Sahne
9 g gemahlene Gelatine
20 g Quinoamehl • 1 Eigelb
40 g Zucker • 180 ml Milch
100 g gehackte Vollmilchkuvertüre

Beeren mit Rum, Apfelsaft und Zucker erwärmen und aufkochen. Stärke mit 2 EL kaltem Wasser verrühren und mit den Beeren kurz aufkochen. In Dessertgläser füllen und abkühlen lassen. Müsli darauf verteilen.

Sahne steif schlagen, Gelatine nach Packungsanleitung anrühren. Milch aufkochen, Mehl, Zucker und Eigelb einrühren, wieder aufkochen und 2 Minuten köcheln lassen. Kuvertüre einschmelzen, vom Herd nehmen. Gelatine unter Rühren darin auflösen. Sahne unter die abgekühlte Masse heben. Auf die Dessertgläser verteilen und im Kühlschrank mindestens 2 Stunden kalt stellen.

Pflaumen-Tiramisu

25 g Vollmilch-Kuvertüre
40 g Butter • 80 g Quinoamüsli
7 g Spekulatiusgewürz
3 g gemahlene Gelatine
75 g weiße Kuvertüre
25 ml Marsala • 300 g Frischkäse
15 g Zucker • 10 Zwetschgen
1 EL Kakaopulver

Vollmilch-Kuvertüre und die Butter schmelzen, mit Müsli vermengen. Schoko-Müsli auf vier Dessertringe verteilen und glatt drücken. Gelatine in 2 EL kaltem Wasser anrühren. Die weiße Kuvertüre schmelzen, mit Frischkäse, Zucker und Spekulatiusgewürz verrühren. Marsala erhitzen,

Gelatine darin auflösen und mit dem Frischkäse mischen. Halbe Zwetschgen ohne Stein auf dem Müsliboden verteilen. Die Frischkäse-Masse darüber geben und glatt streichen. Mindestens 2 Stunden kalt stellen. Das Tiramisu aus dem Dessertrand lösen und mit Kakaopulver bestreuen.

Joghurt mit Walnuss-Honig-Crunch

100 g gehackte Walnüsse
20 g gepoppter Quinoa
2 EL Honig
600 g Naturjoghurt

Walnüsse mit Quinoa in einer Pfanne ohne Fett auf mittlerer Hitze anrösten. Honig zugeben und unterrühren, kurz karamellisieren lassen. Vom Herd nehmen und erkalten lassen. Joghurt auf Dessertgläser verteilen und mit dem Crunch bestreuen.

Eierlikör-Törtchen
(Backblech 42 x 29 cm)

4 Eier • 200 g Butter • 150 g Zucker
2 TL Vanillezucker • 250 g gemahlene
Mandeln • 100 g Quinoamehl
1 Päckchen Backpulver
600 ml Sahne • 1 Päckchen
Tortenguss klar • 40 g Zucker
300 ml Eierlikör • 1 Prise Salz

Ofen auf 175 °C vorheizen. Die Eier trennen. Eigelb mit Butter, Zucker, Vanillezucker, Mandeln, Quinoamehl und Backpulver verrühren. Eiweiß mit einer Prise Salz steif schlagen und unterheben. Den Teig auf ein mit Backpapier ausgelegtes Blech streichen und im Ofen (Mitte) 30 Minuten backen. Auf einem Kuchengitter auskühlen lassen.

200 ml Sahne erhitzen. Tortenguss mit Zucker trocken verrühren, in die Sahne geben und aufkochen. Sobald die Masse anfängt fest zu werden, vom Herd nehmen und 100 ml Eierlikör einrühren.

Mit einem Dessertring (Ø 7 cm) 8 Kreise aus dem Kuchenteig ausstechen. Einen Ring aus Alufolie um 4 Kuchen-Kreise formen. Sahnecreme aufstreichen und mit den restlichen Kuchenkreisen belegen. Im Kühlschrank 2 Stunden kalt stellen. Alufolienrand entfernen. Restliche Sahne steif schlagen und die Törtchen damit außen verzieren. Vorsichtig mit etwas Eierlikör begießen.

Süßes Beerenquinotto

*250 ml Milch (3,5% Fett) • 400 ml
Kokosmilch • 100 g Kokosraspeln
80 g Zucker • 100 g Milchreis
70 g Quinoa • 250 g Heidelbeeren
600 g Himbeeren • 50 g Honig
4 Minzeblätter*

Milch, Kokosmilch, Kokosraspeln, Zucker, Milchreis und Quinoa erhitzen. Unter ständigem Rühren bei niedriger Stufe 35 Minuten köcheln lassen, bis eine cremige Quinottomasse entstanden ist. Beeren waschen und abtropfen lassen. Quinotto auf Dessertschalen verteilen, mit Honig und Beeren bestreuen. Mit Minzeblättchen garnieren.

Weinschaum mit Apfelnuggets

6 g gemahlene Gelatine
½ Bio-Zitrone • 2 Eigelb • 60 g Zucker
2 TL Vanillezucker • 1/8 l Roséwein
200 ml Sahne • 2 Eigelb • 2 Äpfel
1 Ei • 1 EL Sahne • 60 g Quinoagrieß
30 g Zucker • 20 g Quinoa-Flakes
(fein zerdrückt) • 30 g Butter
4 Minzeblätter

Gelatine in 4 EL kaltem Wasser anrühren. Zitronenschale fein abreiben. Eigelb, Zucker, Vanillezucker
und Zitronenabrieb verrühren. Wein
erwärmen, mit Gelatine verrühren.
Eigelbmasse unterrühren, etwas abkühlen lassen. Sahne und Eiweiß

getrennt steif schlagen. Zuerst die Sahne, dann den Eischnee unterheben. Auf Dessertgläser verteilen und kühl stellen.

Äpfel schälen, vierteln und das Kernhaus entfernen. In mundgerechte Stücke schneiden. Mit Zitronensaft beträufeln. Ei und Sahne verquirlen. Grieß, Zucker und Flakes mischen. Apfelstücke mit Ei-Sahne und Grießmasse panieren. In heißer Butter goldbraun ausbacken, auf den Weinschaum geben und mit Minzblättchen dekorieren.

Schnelle Mandarinenspeise

175 g Mandarinen (Dose)
250 g Magerquark • 20 g Zucker
150 ml Sahne • 15 g gepoppter
Quinoa • 30 g Schokostreusel

Mandarinen durch ein Sieb abgießen, Saft dabei auffangen. Quark mit Zucker und 40 ml Mandarinensaft glatt rühren. Sahne steif schlagen und unter die Quarkmasse heben. Quinoa und 2/3 der Mandarinen mit der Creme verrührt in Dessertgläser füllen. Mit restlichen Mandarinen belegen und mit Schokostreuseln bestreuen.

Erdbeertraum

1 Eiweiß • 1 Prise Salz
30 g Zucker • 15 g Stärke
15 g Quinoamehl
30 g flüssige Butter
1 EL Kakaopulver • 250 g Quark
30 g Zucker • 200 g Mascarpone
250 g Erdbeeren

Ofen auf 180 °C vorheizen. Eiweiß
mit einer Prise Salz und Zucker steif
schlagen. Stärke, Mehl, Butter und
Kakao verrühren, Eischnee unterheben. Teig als dünne Kreise (Ø 10 cm)
auf ein mit Backpapier belegtes Blech
streichen. Im Ofen (Mitte) 4 bis 5
Minuten backen. Sofort auf ein passendes ofenfestes Schälchen legen,

leicht andrücken und weitere 2 Minuten backen. Aus dem Ofen nehmen und abkühlen lassen.

Quark, Zucker und Mascarpone verrühren. Erdbeeren putzen, waschen, 2/3 davon klein schneiden und mit der Quarkmasse verrühren. Teignester von den Schälchen lösen, mit Erdbeercreme füllen und mit restlichen Erdbeeren garnieren.

Brot & Gebäck

Mini-Fladen
(ergibt 8 Stück)

30 g Frischhefe • 100 g Quinoamehl
400 g Mehl • 20 g Salz • 10 g Zucker
350 ml Wasser (lauwarm)

Hefe zerbröckeln, mit 50 g Quinoamehl und Wasser verrühren. 15 Minuten gehen lassen. Mit Restmehl, Salz und Zucker verkneten und zugedeckt 1 Stunde gehen lassen. Ofen auf 200 °C vorheizen. Aus dem Teig 8 Fladen formen. Auf einem Backblech im Ofen (Mitte) etwa 25 Minuten backen. Auf einem Kuchengitter auskühlen lassen.

Würziges Brot

300 g Mehl • 100 g Quinoamehl
1 TL Salz • 2 EL Brotgewürz
20 g Frischhefe • 100 ml Milch
200 ml Wasser

Mehle, Salz und Brotgewürz mischen. Hefe in die Mitte bröseln. Mit lauwarmer Milch und Wasser angießen. Dabei sollte der Teig so weich sein, dass er mit einem Kochlöffelstiel gerührt werden kann. Falls nicht, etwas Wasser zugeben. Zugedeckt an einem warmen Ort 1 Stunde gehen lassen. Ofen auf 200 ° C vorheizen. Brot im Ofen (Mitte) etwa 60 Minuten backen. Auf einem Kuchengitter abkühlen lassen.

Mandel-Zitronen-Kuchen

(1 Kastenform 30 cm)

2 Zitronen • 4 Eier • 180 g Zucker
80 g Quinoamehl • 2 TL Backpulver
350 g gemahlene Mandeln
200 g Puderzucker • 3 EL Wasser

Die Eier trennen. Eigelb mit Zitronenschalenabrieb, Saft, Zucker, Quinoamehl, Backpulver und Mandeln verrühren. Eischnee mit einer Prise Salz steif schlagen und unterheben. Backofen auf 175 °C vorheizen. Teig in die gefettete Form füllen. Im Ofen (Mitte) 50 Minuten backen. Puderzucker und Wasser verrühren. Den Kuchen damit glasieren und auf einem Kuchengitter abkühlen lassen.

Grießschnitten
(1 Backblech 30 x 40 cm)

Teig:
4 Eier • 1 Prise Salz
1 Bio-Orange • 750 g Magerquark
180 g Zucker
75 g Butter
2 TL Backpulver
1 Päckchen Vanillepuddingpulver
80 g Quinoagrieß

Quarkcreme:
500 g Magerquark • 100 ml Sahne
80 g Zucker • Saft von 1 Zitrone
Puderzucker zum Bestäuben

Ofen auf 180 °C vorheizen. Eier trennen, Eiweiß mit dem Salz steif schlagen. Orangenschale abreiben und

Saft auspressen. Mit Eigelb und den restlichen Teigzutaten vermengen. Eischnee unterheben. Auf ein Backblech streichen und im Ofen (Mitte) 45 Minuten backen. Abkühlen lassen und halbieren.

Für die Creme Quark, Sahne, Zucker und Zitronensaft verrühren. Eine Kuchenhälfte mit der Creme bestreichen. Mit der anderen bedecken und mit Puderzucker bestäuben.

Aprikosenkuchen
(1 Backblech 30 x 40 cm)

200 g Mehl • 100 g Quinoa-Flocken
1 Päckchen Backpulver
150 g Zucker • abgeriebene Schale
von 1 Bio-Zitrone • 3 Eier
250 g Butter • 500 g Aprikosen-
hälften (Dose) • Puderzucker

Ofen auf 180 °C vorheizen. Mehl, Flocken, Backpulver und Zucker mischen. Zitronenschale mit Eiern und Butter dazugeben. Alles gut verrühren und auf ein Backblech streichen. Mit Aprikosenhälften belegen und im Ofen (Mitte) etwa 25 Minuten backen. Abkühlen lassen und vor dem Servieren mit Puderzucker bestäuben.

Waldbeerenkuchen
(1 Backblech 30 x 40 cm)

Teig:
200 g Mehl • 100 g Quinoamehl
100 g Stärke • 4 Eier
250 g Zucker • 250 g Butter
1 Päckchen Vanillezucker
1 Päckchen Backpulver
250 ml Milch
100 g gemahlene Haselnüsse

Belag:
2 Päckchen Vanillepudding
1 l Milch • 200 g Butter
200 g Marzipan • 500 ml Kirschsaft
4 EL Zucker • 40 g Stärke
750 g Waldbeeren

Ofen auf 175 °C vorheizen. Die Teigzutaten miteinander verrühren. Auf
ein Backblech streichen und im Ofen
(Mitte) etwa 30 Minuten backen.
Anschließend abkühlen lassen. Vanillepudding nach Anleitung kochen.
Butter und Marzipan in kleinen Flocken zugeben und unterrühren. Auf
den Kuchen streichen und erkalten
lassen. Kirschsaft und Zucker aufkochen, mit Stärke verrühren. Beeren zugeben, umrühren und auf die
erkaltete Puddingmasse streichen.
Nun 2 Stunden kalt stellen. In Stücke
schneiden und servieren.

Schokotraum
(1 Gugelhupfform)

4 Eier • 200 g Butter
200 g Schokostreusel • 250 g Zucker
50 g Kakaopulver • 200 g Mandeln,
gemahlen • 100 g Quinoa-Flocken
1 Prise Salz • 200 g Kuvertüre

Ofen auf 175 °C vorheizen. Eier trennen, Eigelb mit den restlichen Zutaten (ohne Kuvertüre und Salz) verrühren. Eiweiß mit einer Prise Salz steif schlagen und unterheben. Die Form fetten. Teig einfüllen. Im Ofen (Mitte) 50 Minuten backen. Aus dem Ofen nehmen, auf ein Kuchengitter stürzen. Kuvertüre schmelzen und den Kuchen damit bestreichen.

Kokos-Mohn-Schnecken

(ergibt ca. 20 Stück)

Teig:

150 g Magerquark

70 g Milch

6 EL Öl • 80 g Zucker

1 Prise Salz

300 g Mehl • 1 Ei

1 Päckchen Backpulver

Füllung:

30 g geschroteter Quinoa

60 ml Milch • 20 g Butter

175 g Mohn • 3 TL Vanillezucker

50 g Kokosraspeln

200 g Puderzucker

3 EL Wasser

Quinoa in einer Pfanne anrösten. Ofen auf 180 °C vorheizen. Die Teigzutaten verkneten. Teig auf einer bemehlten Arbeitsfläche 30 x 30 cm ausrollen.

Für die Füllung Milch und Butter erwärmen. Mit Vanillezucker, Mohn, Kokosraspeln und Schrot mischen. Auf den Teig streichen. Teig aufrollen. In 1,5 cm dicke Scheiben schneiden. Auf ein Backblech legen und im Ofen (Mitte) 25 Minuten backen. Puderzucker mit heißem Wasser verrühren und die noch warmen Schnecken damit bestreichen. Anschließend auskühlen lassen.

Gefüllte Schokocookies

(ergibt 12 Stück)

150 g Mehl • 50 g Quinoamehl
50 g Kakaopulver • 1 Ei • 1 Päckchen
Backpulver • 100 g Zucker
100 g Butter • 2 TL Vanillezucker
60 g Erdnussbutter

Ofen auf 180 °C vorheizen. Alle Zutaten (ohne Erdnussbutter) miteinander verkneten. Zu einer 5 cm dicken Teigrolle formen und 2 Stunden kalt stellen. In ½ cm dicke Scheiben schneiden. Jeweils auf eine Scheibe mittig 1 TL Erdnussbutter geben. Mit einer zweiten Scheibe abdecken. Ränder fest zusammendrücken. Im Ofen (Mitte) 12 Minuten backen.

Tassen-Gewürzkuchen
(für die Mikrowelle)

1 Ei • 40 g Mehl
20 g Quinoamehl
90 g Zucker • 20 g Kakaopulver
½ TL Butter
1 TL Backpulver
1 Prise Salz
3 EL Öl • 3 EL Milch
1 TL Vanillezucker
½ TL Lebkuchengewürz

Alle Zutaten miteinander verrühren.
Vier feuerfeste Tassen (á 200 ml)
ausbuttern und den Teig gleichmäßig darin verteilen. In der Mikrowelle
bei 600 Watt jede Tasse 2 Minuten
backen.

Rezeptverzeichnis

Aus dem lieferbaren
Mini-Angebot

Natur & Gesundes
Alte Gemüsesorten • Aronia
Bauernweisheiten durchs Jahr
Blüten für Genießer • Essen von der Wiese
Essbares von Bäumen & Sträuchern
Gesundes Kraut • Heilkräuterbüchlein
Herbe Beeren • Heiter bis wolkig. Vom
Wetter • Holunder-Rezepte • Honig
Ingwer • Kleine Kräuterapotheke • Küchen-
kräutergarten • Multitalent Zwiebel
Mythos Ginkgo (auch engl.)
Neues Katzenbüchlein • Noch mehr Essen
von der Wiese • Quinoa. Das gesunde
Inka-Korn • Salbei • Sanddorn-Rezepte
Vegane Küche

Essen & Trinken
Alles gewickelt & gerollt
Backen & Naschen • Brot backen
Essen wie im Mittelalter • Feines Dinkel-
gebäck • Filinchen • Fisch-Kochbuch
Gewürze • Grillen exotisch • Kochbüchlein
Schweiz • Marmelade & Gelee

Mecklenburg-Vorpommern kulinarisch
Milch-Büchlein • Pasta vegetarisch
Sachsen kulinarisch (auch engl.)
Sachsen-Anhalt kulinarisch
Schokoladenbüchlein • Sektbüchlein
Senfbüchlein • Süße Sünde: Schokolade
Süße Verführung • Süßes im Advent
Teegenuss • Thüringen kulinarisch
Trendgebäck • Weihnachten. Bräuche
& Rezepte • Whisky

Literarisches

Das kleine Bach-Büchlein (auch engl.)
Erzgebirgisches Weihnachtsbüchlein
Fange jetzt zu leben an • Frauen
Frauen & Männer • Frauen-Weisheit
Die Geheimnisse der Familie Bach
Goethe-Zitate • Gut beraten, froh gestimmt.
Gute-Laune-Büchlein • HairAffair!
Heldenjungfrauen • Ich hab dich so lieb
Liebe Mama... • Liebe Oma...
Lieber Opa... Lieber Papa...
Rosa Luxemburg • Märchenkönig Ludwig
II. (auch engl.) • Karl May • Mein Leipzig.
Geliebtes Weltdorf • Wolfgang Amadeus
Mozart (auch engl.)

Musenkuss – Richard Wagner
Nietzsche-Zitate • Philosophinnen-Sprüche
Sandmännchen • Schiller-Zitate
Clara & Robert Schumann • Theodor Storm
Thomaner-Büchlein • Wahrsagen à la
Lenormand • Weisheiten aus dem Fernen
Osten • Weisheiten der Welt • Heinrich Zille

Stadt & Land
Auf der Saale-Unstrut-Weinstraße
Auf der Sächsischen Weinstraße
Berlin für die Westentasche (auch engl.)
Burgen und Schlösser im Erzgebirge
Dresden für die Westentasche (auch engl.)
Erfurt für die Westentasche
Halle für die Westentasche • Herrnhut
Kösener Spielzeug • Leipzig • Leipzig in
Pocket Size • München für die Westentasche
Musikalischer Stadtrundgang durch Leipzig
Naumburg • Parks & Gärten in Sachsen-
Anhalt • Weimar für die Westentasche

BuchVerlag für die Frau
Gerichtsweg 28 · 04103 Leipzig
www.buchverlag-fuer-die-frau.de